Autoconhecimento

Marcos Resende

Capa: Chico Régis
Diagramação: Usha Velasco
Revisão: Patrícia Resende

Editora Teosófica
SGAS Quadra 603 – Conj. E – s/nº
70.200-630 – Brasília – DF – Brasil

Tel. (61) 3322-7843
(61) 3226-0662

E-mail: editorateosofica@editorateosofica.com.br
Site: www.editorateosofica.com.br

Autoconhecimento

R 429 Marcos Resende

Brasília, 2010

ISBN

C00212

"Conhece-te a ti mesmo e conhecerás os mundos e os deuses."

Essa frase foi escrita na porta do Oráculo de Delfos, no Templo de Apolo, na antiga Grécia.

Sumário

Introdução 9
Conhecimento informativo 12
Ninguém pode conduzir outro 16
Percebimento de si mesmo 20
Auto-observação 24
O silêncio interior 29
O ego psicológico 36
O medo e o tempo psicológico 44
Viver sem problemas 53
A arte de ouvir 58
Meditação 61
Felicidade 67
Amor 71
Autoconhecimento e Teosofia 75
Um amigo 84

Introdução

O autoconhecimento é a religião do terceiro milênio. Uma religião sem igrejas, sem padres, sem gurus, sem fieis, sem acumulação de riquezas e sem exploração do próximo, sem dogmas e superstições.

Por que é uma religião? A palavra religião, que vem do latim *religare*, implica em restabelecer a unidade na consciência, que se tornou dividida, desligada, separada em lados, quando a vida é una. Somente a nossa visão parcial, limitada, cria lados. Quando somos capazes de ver o todo, sem segmentação ou divisão em nossa mente, cessa a fragmentação na consciência.

O homem moderno perdeu o sentido real do sagrado. Tudo a que ele atribui sacralidade é projeção de seu próprio pensamento, de sua cultura. Objetos, imagens, mitos, tudo o que passou a ser adorado pelo homem parte de sua imaginação ou é absorvido do meio em que ele vive. O encontro com o sagrado, não a partir de repetições mecânicas ou de idealizações projetadas, é uma experiência transformadora do viver e de suas relações.

A religiosidade é um atributo do homem interno, uma potencialidade existente no que há de mais profundo na consciência humana, e não tem necessariamente relação com igrejas, rituais, vestimentas, hábitos de vida, por mais que estes possam interferir quando incompatíveis com o sentido sagrado da unidade da vida.

O despertar da religiosidade pressupõe uma transformação na consciência, que precisa livrar-se da repetição mecânica, da tradição, do apego a cultos e credos, para que uma força nova, um sol brilhante possa raiar dentro de nós. Este sol, quando desponta e é verdadeiro, nada destroi, a não ser as ilusões em que se apega a mente humana.

Conhecimento informativo

O ser humano nasce em uma família, em algum meio social. As primeiras impressões, na mais tenra infância, vão levando o bebê a absorver a cultura do meio, a linguagem, todo um *software* que é inserido suave e naturalmente no cérebro da criança. Ela também reage às experiências pelas quais vai passando e cria igualmente um entendimento próprio das coisas.

Na escola, a educação é essencialmente informativa. As letras, os números, a tabuada, tudo se decora para aprovação nos exames.

A mentalidade existente no século vinte, e agora também no século vinte e um, é toda informativa, ou seja, informações são inseridas de fora para dentro e acumuladas na memória. A partir delas, vemos o mundo, as pessoas, nos reconhecemos e temos uma vida pretensamente civilizada.

A memória no ser humano é absolutamente necessária. Sem ela, seriamos meros animais irracionais. Entretanto, o excesso da função mental e a cultura informativa absorvida do meio social somente tem reforçado, na consciência humana, a ideia de separatividade em relação aos outros e à natureza, alimentando um sentido de importância do chamado *eu* ou ego psicológico.

O autoconhecimento, que não é técnico, informativo ou acumulativo, brota de dentro. Nada tem a ver com o ato de se incutir informações no cérebro, de adquirir conhecimento de fora, e nem mesmo com crenças baseadas em experiências passadas, mas diz respeito a um florescer da consciência livre, daquela que percebe estes condicionamentos ou limitações mentais e naturalmente os descarta. O conhecimento informativo e técnico tem o seu lugar para as coisas práticas. Ao se construir uma casa, ou uma ponte, deve-se observar os conhecimentos da engenharia para que a construção seja firme. Em qualquer área técnica, há os especialistas, com o seu conjunto de informações acumuladas, que precisam ser consideradas em circunstâncias que dizem respeito à vida material.

No território da consciência, entretanto, para se compreender a vida e a nós mesmos, o conhecimento acumulado, na maioria das vezes, é um estorvo, um entulho que impede de vermos com clareza, no presente, as coisas como elas são, sem as distorções provocadas pelas projeções mentais que idealizamos a partir das memórias decorrentes de nosso passado.

Não há um ponto final para o autoconhecimento. A pessoa que pensa ou diz que conhece não entendeu nada, pois o aprendizado é infinito. Este desabrochar a partir de dentro não se acumula, não se repete. Ele é sempre a vida nova, a cada instante. Ele é a luz da consciência manifestando-se em completa liberdade, seja em relação às informações, à cultura, à própria experiência, às ideias, ao saber. Ele é uma reviravolta no funcionamento da cabeça, que começa a se esvaziar, descartando todo o lixo mental e emocional que é acumulado inconscientemente.

O autoconhecimento é um trabalho permanente de observação de si mesmo, da vida e das relações. É uma atitude perante a vida e, por que não dizer, uma arte.

Ninguém pode conduzir outro

Se o autoconhecimento vem de dentro e não de informações externas, tais como palestras ou mesmo deste livro, ninguém pode despertá-lo por nós. Somente cada um de nós, no silêncio de nossa consciência, na quietude de nosso ser, pode permitir o despertar da sabedoria, da inteligência, que é clara, lúcida, atenta e desperta. Esta luz interna não é privilégio de poucos. Todo e qualquer ser humano tem um sol radiante nos níveis mais internos e profundos do ser. A questão é apenas desobstruir os empecilhos que, por ignorância, opomos ao seu brilho, percebendo toda a separatividade e até mesmo a maldade que o pensamento cria.

Então qual é o sentido deste livro? Se você o lê para depois colocar em prática o que foi lido, ficará decepcionado, pois será mais uma fonte de informações externas para tentar se ajustar, criando conflito em sua vida, entre a vida como ela é e coisas supostamente ditas no livro.

O livro, a palestra, ou o que venha a ficar registrado eletronicamente ou em papel, apenas tem o alcance e o efeito de possibilitar o ato de observar junto. Quando você está efetivamente lendo qualquer coisa, está olhando junto com o autor. Ele, enquanto pessoa, pode até mesmo não existir mais, mas você está observando junto com ele, num instante atemporal. O texto, a informação externa, é para ser questionada, saboreada, para reflexão. Mas isso quem faz é a própria pessoa. O autor a está fazendo enquanto escreve, mas se não houver, de sua parte, a observação cuidadosa e isenta do que é dito, se você não vir por si mesmo a verdade ou a estupidez do que se fala, não haverá transformação na consciência. Esta transformação não se dá para nenhum padrão idealizado pelo autor, mas é uma nova consciência, livre de padrões, nascida na própria pessoa, não como acumulação de suas próprias experiências ou projeções, nem como repetição de suas opiniões, mas emergida do vazio interno, que é pleno quando descartamos tudo o que acumulamos mental e emocionalmente, e vemos a verdade agora.

Todo tipo de doutrinação, no sentido de querer ensinar as pessoas sobre como devam viver, todo tipo de religião que queira manipular a consciência alheia é algo perverso, que atua contra a liberdade essencial que deve existir na consciência humana.

Há uma grande diferença entre doutrinar e olhar junto. Se neste exato instante em que escrevo, registrando estas palavras no computador, estou observando algo, quando você ler, estará observando junto comigo o que estou vendo neste momento. A diferença de tempo não importa, porque a consciência é atemporal. E se você está vendo, não no sentido de repetir ou gravar as palavras, mas lendo com os olhos e vendo com a consciência, com a mesma intensidade e clareza com que escrevo, então estamos juntos, não importa o meu nome nem o seu, mas sim o fato de que você está vendo por si mesmo. Em outras palavras, o livro é apenas uma ferramenta, um instrumento para a sua observação. A observação é sua. É a consciência em você que vê. Se o autor se afasta da verdade, o leitor atento imediatamente percebe. Se tudo isso lhe parecer inútil, despreze ou jogue fora. Mas se quiser olhar junto comigo, prossigamos.

O que estou escrevendo é o que estou sendo capaz de ver neste exato momento; não é algo que eu saiba e que esteja repetindo para você. Este momento é único, assim como é cada momento da vida. Isso é o que importa, porque a consciência livre não está sujeita ao tempo.

Percebimento de si mesmo

O autoconhecimento é essencialmente percebimento de si mesmo e da vida como ela é, das situações e das coisas como elas realmente são, nos níveis subjetivo e objetivo, sem as ideias, projeções ou preconceitos que temos a respeito delas. Este percebimento, quando ocorre, é o encontro com a verdade, que não é estática, mas viva. O que significa perceber?

Quando você observa alguma coisa, não a partir de suas experiências, daquilo que você acha que sabe, das ideias que você adquiriu por si mesmo ou influenciado por pessoas ou pela cultura, mas observa com isenção, com profundidade, sem nenhuma conclusão, sem nenhuma ideia a respeito do que está sendo observado, com muita vontade de entender, de compreender, se você não deixa de lado a observação, mas persegue e continua interessado em descortinar a coisa observada, em algum momento, mesmo quando você não está diretamente pensando nela, *a ficha cai.* O percebimento, que é o encontro com a verdade, é atemporal. Mesmo quando você deixa o assunto, mas permanece profundamente interessado nele, a mente continua trabalhando sozinha, em um nível mais profundo. De repente vem a percepção, o descobrimento da verdade a respeito daquilo que interessa compreender, que pode estar relacionado com os aspectos objetivos ou subjetivos da vida.

Cumpre questionar o papel do pensamento neste perceber, no descobrimento da verdade. O pensamento tem a função de indagar, de questionar, de provocar a reflexão. Mas o percebimento, o encontro com a verdade, o *insight*, não se dá no nível do pensamento, nem ocorre por método dedutivo. A percepção, o *flash*, que traz a compreensão e a transformação na consciência, está fora do tempo. Não é você que o produz. Ele vem a você, ou melhor, ele pode vir ou não, dependendo da sua intensidade, persistência e vontade de descobrir, não se contentando com respostas rápidas e superficiais que o pensamento possa inventar. Mesmo que o *insight* não venha quando você quer, se você continua interessado em compreender, a mente continuará trabalhando, e quando você menos esperar, a compreensão virá. Se o questionamento permanece, sem que haja o contentamento com respostas superficiais e apressadas, a verdade, mais cedo ou mais tarde, aparece.

Nosso problema é que transformamos esse *insight*, essa expansão na consciência que ocorre quando compreendemos, em ideia ou crença e, a partir delas, achamos que sabemos. Quando isso acontece, o aprendizado cessa, porque a realidade, principalmente a subjetiva, é sempre mutante, extremamente viva, e nossas ideias ou crenças, na maioria das vezes, são fixas, estáticas. A compreensão de ontem não é a verdade de hoje, mas memória e repetição. A verdade, a cada novo instante, sempre demanda um olhar no momento presente, uma nova compreensão, com liberdade em relação à memória. A pessoa que assim age, olhando novamente a cada instante, descartando a verdade passada, está sempre aprendendo, e sua consciência está despertando, em permanente transformação. Aquela que, ao contrário, transforma a compreensão em crença, na ideia de que sabe, e age a partir dessa crença ou imagem daquilo que foi, já não está aprendendo, mas repetindo. E repetir é um ato mecânico que o computador faz bem melhor do que nós, não tendo relação com a verdade. Como disse um amigo, a verdade repetida é uma mentira. É preciso vê-la no eterno agora ou ter a honestidade de perceber que não a vemos.

Auto-observação

A ferramenta básica do autoconhecimento é a auto-observação. Sem o percebimento de nós mesmos, os próprios instrumentos relacionados à percepção ficam obstruídos ou tendenciosos e, sem querer, passamos a distorcer os fatos e a verdade.

É preciso observar o corpo, as emoções e os pensamentos. O corpo é a base de tudo. Quando ele está doente, com dor física, em geral as emoções ficam pesadas e o pensamento obtuso.

Precisamos de um corpo saudável, exercitado, bem alimentado, o que implica ausência de exageros e que tenha o descanso necessário, a fim de que possamos dar atenção a outros níveis de nosso ser. Qualquer desajuste nele pode levar à perda ou distorção de nossa capacidade de percepção.

Há um grande e permanente trabalho a ser feito com as emoções. É preciso observá-las, com isenção, no exato instante em que se manifestam. A maioria delas está relacionada com o desejo, o nosso querer. Aquilo que nos incomoda ou aborrece é o que não queremos, um desejo às avessas.

A raiva, o ciúme, a inveja, a preguiça, a sensualidade com tendência à promiscuidade, assim como todas as manifestações emocionais, precisam ser percebidas para que não nos enganemos. Mas normalmente não gostamos de ver estas características quando se manifestam em nós, porque, ao nos observarmos, não nos agrada ver o que pode ser chamado de *a nossa sombra.* A nossa autoimagem não combina com o que estamos vendo e isso nos incomoda. Então reagimos ao fato subjetivo, seja ele o orgulho, o medo, a compulsão ou qualquer outra emoção que se manifeste, porque não gostamos do que vemos. Neste caso, a observação cessa.

O trabalho com as emoções pressupõe muita humildade de nossa parte, para que possamos, sem distorção ou julgamento, sem permitir que nossa autoimagem interfira na observação, ver os detalhes mais sórdidos, mais cruéis ou egoístas de nossa natureza emocional. Ao rotularmos essas facetas obscuras de nosso caráter dessa maneira, não as estamos condenando do ponto de vista moral ou ético, mas tentando trazer à tona os aspectos mais difíceis de perceber. Para descobrirmos a verdade relativa a elas não pode haver condenação porque, nesse caso, nossos valores, nossos condicionamentos mentais estarão interferindo na observação, distorcendo a percepção do fato e gerando conflito entre o que é e o que supostamente deveria ser. O fato, inclusive o subjetivo, não é bom ou ruim, mas é o que é. É a nossa observação não isenta que o rotula. Sempre que houver dualidade ou divisão na consciência, quando uma parte observa e outra julga ou condena, a verdade não se manifesta. A percepção da dualidade, entretanto, traz a mente, de modo natural, para o estado de unidade.

Ver a raiva no exato instante em que se manifesta, sem condená-la, justificá-la ou reprimi-la, mas apenas ficar com ela, permite o contato e a descoberta da verdade sobre a raiva. Se não nos desviamos ou fingimos que não a estamos sentindo, mas a observamos sem nenhuma condenação ou repressão, sem também alimentá-la com pensamentos de autopiedade ou autoimportância, acabamos descobrindo que aquela explosão de energia, aquele vulcão interior a que estamos denominando raiva, é o nosso próprio desejo em relação a alguma coisa que não aconteceu como queríamos. Perceber o *querer*, que nutre a emoção, no momento em que surge, e apenas observar, permite o encontro com a verdade relativa a ela e a consequente libertação daquela energia emocional.

Isso vale para toda e qualquer emoção. Quando ficamos com ela no exato instante em que se manifesta, sem interferência, sem a ideia do que deveria ser, descobrimos a verdade relativa à emoção, e ela, sozinha e naturalmente, se transforma. A energia que estava presa na emoção, por ser inconsciente, com a observação isenta, cuidadosa, e sem um fim que não seja o de ficar com ela, de compreendê-la e de extrair-lhe a verdade, libera a energia que se encontrava inconscientemente aprisionada, e a emoção se dissipa.

O silêncio interior

A auto-observação também é necessária em relação aos pensamentos. As emoções são densas e operam de modo mais lento. Já os pensamentos movem-se em velocidade extraordinária, por canais tão variados que raramente os percebemos.

Muitas vezes, em vez de estarmos pensando, somos levados. Em outras palavras, o pensamento vai sozinho, distraidamente, e quando damos atenção a ele perguntamos: por que estou pensando nisto? Então vamos lembrando de um assunto que levou ao outro, em uma cadeia de pensamentos não percebidos, portanto inconscientes.

Há um barulho interminável em nossas cabeças, um tagarelar constante. Se queremos penetrar na região em que a clareza, a força e o amor reinam, precisamos de aquietamento interior, que é meditação.

Surge então a questão: como produzir o silêncio interior, como provocá-lo? Todas as tentativas de parar o movimento do pensamento a partir de uma ideia de que ele não deva se movimentar fracassaram. Algumas pessoas buscam o desenvolvimento do poder mental através de técnicas de concentração para manter a mente fixa em um ponto. Quando conseguem, o fazem por pouquíssimo tempo e, mesmo assim, tornam a mente rígida, dura, inflexível, com tendência à indiferença e à crueldade.

O pensamento não tem o poder de silenciar a si mesmo, a não ser pela violência e pelo entorpecimento, e por pouco tempo. Para que se aquiete naturalmente, é preciso observá-lo com isenção, sem interferência, sem o desejo de modificá-lo. Tentar frear o pensamento somente leva ao desânimo, porque ele sempre irá fugir. Deixe o pensamento livre, mas o observe imparcialmente. Aos poucos ele irá perdendo sua força inconsciente e tenderá a aquietar-se naturalmente. Se os pensamentos voltam, não lute contra eles, apenas os perceba.

Muito mais importante do que reprimir os pensamentos é compreendê-los, percebendo que eles são sempre uma viagem pela memória, em um momento de desatenção. Como a vida só pode ser vivida no instante presente, percebê-los já significa estar em atenção, o que naturalmente faz com que eles tendam a se aquietar. Não devemos fazer disso um problema. Se deixarmos de observar e o pensamento viajar, não precisamos lutar contra isso. Toda vez que o percebemos viajando, já estamos em atenção, o que significa que a energia do nosso ser está focada na observação do que quer que esteja acontecendo agora.

Quando há atenção, há quietude interior. Este silêncio não é ausência de ruído externo, mas a completa ausência de pensamentos pela total focalização de nossa energia, de nossa capacidade de observação, ao que quer que esteja acontecendo, subjetiva e objetivamente.

Para que haja quietude interior não pode haver conflito ou divisão na consciência. A observação isenta imuniza quanto ao conflito. Nada tem que ser mudado, mas apenas observado. Não estamos tratando do que fazer ou de como agir no mundo prático, mas sobre como funciona a nossa mente. O silêncio vem naturalmente quando se compreende que o pensamento é sempre um estado de desatenção. Quando toda a nossa energia está focada no que quer que esteja sendo observado, sem comparações, julgamentos ou condenações, com total e natural atenção, há quietude interior. Como o pensamento sempre aparece, qualquer tentativa de reprimi-lo gerará conflito, trazendo agitação interna. A repressão ao pensamento somente irá atiçá-lo. É como querer apagar fogo com gasolina. Mas quando observamos com isenção, sem reprimir os pensamentos, eles deixam de ser inconscientes porque estão sendo iluminados pela luz da consciência. Nessa condição de observação consciente, eles tendem à quietude.

No silêncio interior estão guardados os maiores tesouros, tudo o que de maior valor pode existir em um ser humano. Quando aprendemos a nos aquietar naturalmente, serenando emoções e pensamentos, uma vida nova desponta na consciência, muito mais viva, ágil, sensível e amorosa. A partir daí, nosso comportamento fica naturalmente gentil, paciente, equilibrado e amável.

A dimensão que se faz presente quando há silêncio interior contém um poder indescritível, que é harmonizador, curador e elevador. Ali está a fonte de água pura que cura a sede de felicidade e nos integra com tudo. Nessa dimensão, a autoimagem não está presente e, portanto, nela nós não existimos separadamente do todo. O autoesquecimento, a completa atenção focada no que quer que esteja sendo observado, sem qualquer pensamento sobre nós mesmos ou sobre qualquer coisa, é o próprio silêncio.

O maior ou menor tempo em que o silêncio interior possa existir, se considerarmos o tempo do relógio, depende de nossa própria capacidade de nos esvaziarmos e nos autoesquecermos, mesmo que seja por poucos instantes. Uma fração de segundo é o suficiente para mostrar o poder transformador existente na dimensão atemporal. Quanto mais somos capazes de nos serenar, mais frequentes são os momentos em que o todo se manifesta em nós, transformando nossas vidas. Isso não é uma ideia ou teoria, mas um movimento natural da vida que ocorre quando nos esquecemos de nós mesmos. Entretanto, não basta falar dessa dimensão ou lembrar destes momentos extraordinários. É preciso experimentar, aqui e agora, sabendo que não somos nós que os produzimos. Se arrumarmos a casa e abrirmos a janela, a brisa pode vir ou não. Mas se ela estiver efetivamente aberta, em algum momento, não controlado por nós, a brisa virá. Da mesma forma, se vemos toda a futilidade e limitação da autoimportância e a abandonamos, esvaziando-nos, aquilo que não tem nome nem forma pode preencher o espaço interior, subjetivo, trazendo alegria e bem-aventurança.

O ego psicológico

Ao nos interessarmos pelo autoconhecimento, é muito importante compreendermos o que significa o ego psicológico e a sua realidade relativa.

Todos temos na mente uma autoimagem, um feixe de lembranças que inconscientemente armazenamos na memória sobre o que pensamos ser. O nome, a profissão, os títulos que adquirimos, o contexto familiar, a imagem que vemos no espelho acrescida das ideias que temos a nosso respeito e daqueles com os quais estamos relacionados; nossos hábitos, o que gostamos e o que não gostamos, as coisas que possuímos ou gostaríamos de possuir, tudo isso é o que achamos que somos.

A esse feixe de memórias, a essa imagem que temos de nós mesmos, damos o nome de *eu* ou ego psicológico.

A autoimagem sempre interfere em nossa vida. Através dela vemos o mundo e os relacionamentos. Em nosso processo de pensar, estamos sempre nos imaginando nas mais diversas situações. Se a imagem mental de nós mesmos, projetada em um dado contexto, nos parece agradável, passamos a querer ou a aceitar o que se apresenta. Se essa mesma imagem nos parece estranha, ou se não gostamos do que imaginamos, dizemos que não queremos.

Para tudo, usamos o filtro do ego psicológico. O pensamento sempre imagina as situações e nos insere nelas. De acordo com essas imagens, dirigimos a nossa vida no mundo material.

O ego psicológico, em certa medida, é necessário para que possamos ter uma vida civilizada, para termos um nome, como também para reconhecermos os outros, para sabermos onde está a nossa casa e a ela nos dirigirmos etc. O instinto de sobrevivência, que procura preservar o corpo e nossa vida, também é necessário e faz parte dele.

O ego psicológico é essencialmente memória, que é necessária para a vida prática. Um cérebro altamente privilegiado é o que nos diferencia dos animais e permite a vida moderna, tecnológica e civilizada. Mas no terreno da consciência, da compreensão da vida e de nós mesmos, da descoberta da verdade, a presença do ego não percebida passa a ser perniciosa e causadora de problemas. Por quê?

A vida é essencialmente relacionamento. Todos nós estamos sempre em relação com outros e com o meio ambiente. Mesmo pessoas que se acham isoladas, que vivem sozinhas, estão em relação, seja com o atendente da padaria, com o caixa do supermercado, com o porteiro do prédio, com o vizinho, com o pedinte na rua, ainda que para eles não olhem, ou seja, que a relação seja de indiferença.

Nos relacionamentos, quando deixamos que o ego psicológico prevaleça, tornamo-nos egoístas e as relações passam a ser de interesse. Esse *eu*, que é uma autoimagem mental, funciona como uma trincheira através da qual vemos o mundo, sempre em função dos nossos interesses. A vaidade, o orgulho, o apego, o ciúme, a gula, tudo isso está enraizado nesse ego, que é um feixe de hábitos mentais e emocionais relacionados a nós mesmos.

O ego psicológico, essencialmente, nos faz sentir separados dos outros quando, em realidade, não somos. Mais da metade de nosso corpo é composto de água, assim como ocorre com as demais pessoas. O ar que respiramos é o mesmo; se faltar, morreremos, pois somos um vórtice de energia. O sol brilha igualmente para todos e a vida é como um imenso oceano no qual todos estamos submersos. Não há como separar a gota da água, pois ela *é* a água. Assim, nós somos o oceano. O peixe, a concha, a pedra, tudo compõe o oceano, e a segmentação depende apenas do foco de observação. Se a observação é ampla, não há, de fato, separação, e a vida permeia tudo e todos.

Nossa mente restrita tem o hábito, o vício, de projetar a imagem de que somos separados da natureza e dos demais. Essa divisão é apenas mental. Sem o ar não vivemos; sem a água também não. Sem os alimentos que a natureza proporciona, ou que outros produzem, nossa vida igualmente não seria possível. No universo, tudo está profundamente interligado e nós não somos separados da natureza, por mais que pensemos o contrário. Mesmo que nos vejamos separados, somos a própria natureza, como a gota na água.

O ego psicológico contém fortemente a ideia de que somos separados e nos faz agir de uma forma individualista e desagregadora. Precisamos perceber esse vício mental, essa tendência a nutrir uma autoimagem arraigada, para que possamos ter relacionamentos que não estejam baseados no ego, ou seja, no interesse.

Quando nos relacionamos de forma desinteressada, sem nos colocarmos em primeiro lugar, a qualidade das relações é outra. Passamos a naturalmente respeitar o outro, a ouvi-lo, a ter consideração. As relações passam, então, a ser cooperativas, harmônicas, de boa vontade e construtivas.

Isso não é uma utopia. Precisamos perceber a nós mesmos, vendo quando o ego psicológico entra em cena, querendo que nos autoafirmemos, que vençamos uma discussão, que nosso ponto de vista prevaleça ou que venhamos a impor as nossas vontades sobre as dos demais. Só percebendo o *eu* é que podemos deixá-lo de lado, a fim de nos relacionarmos de maneira diferente, não egocêntrica, seja na família, no trabalho ou em qualquer ambiente ou situação em que nos encontremos. Sem percebê-lo, somos escravos do egocentrismo.

A morte do ego psicológico permite surgir a joia das joias, o ser interno, que é inocente, incorruptível, inofensivo, humilde, e ao mesmo tempo de compreensão profunda e penetrante. Dele, sabedoria e amor jorram naturalmente, sem qualquer pensamento voltado para si próprio, a não ser o de sua insignificância perante a grandeza de tudo que existe.

Essa morte não decorre de um ato de vontade, mas da compreensão e do abandono das ilusões. O ego psicológico é uma ilusão. Quando essa percepção de fato ocorre, o descortinar da verdade surge naturalmente. Tudo o que podemos fazer é estar sempre tentando entender, sem nos apegarmos a ideias ou crenças, para que exista na consciência o espaço onde a verdade surge.

Mesmo que a experiência da morte do ego possa ocorrer por alguns segundos, estes poucos instantes são suficientes para mostrar a força contida na dimensão do sagrado, onde o ser interno tem a sua existência, bem como trazer a certeza de que estamos enxergando a direção para o encontro com a verdade.

O ego psicológico, que tende à separatividade e ao egocentrismo, sendo percebido, passa a ser apenas o cálice, o receptáculo para a vida universal, através do qual o amor e a sabedoria fluem em abundância.

O medo e o tempo psicológico

O medo é um dos maiores, senão o maior empecilho para a felicidade. Normalmente achamos que não temos medo, a não ser em situações de perigo. Quando há uma ameaça física, é natural e saudável ter medo, protegendo-se a integridade do corpo. Se um animal perigoso está próximo, ou se a casa está em chamas, ter medo é sinônimo de sanidade, o que não significa que devamos entrar em pânico. Nessas ocasiões ficamos completamente alertas, ou seja, damos total atenção à situação que denota perigo. Não é desse medo factual, atual, de que estamos falando como um problema causador de infelicidade.

O que corroi a vida das pessoas é o medo psicológico, a apreensão sobre o que poderá acontecer amanhã. Não se trata do medo atual, diante de uma situação de perigo, mas do medo decorrente de que algo não desejado possa acontecer, como, por exemplo, da imaginação de que eu possa perder o emprego ou de que possa ser abandonado pela esposa.

Esse tipo de medo bloqueia e trava as pessoas. Muitas de nossas ações decorrem do medo, mesmo que não o percebamos.

O medo é uma forma de desejo às avessas. O que quero é chamado de desejo, ou de busca de prazer. O medo existe em relação ao que não quero que aconteça. A imaginação de que possa acontecer algo não desejado gera uma energia emocional confusa, perturbadora, causadora de recalques e neuroses.

É possível nos livrarmos do medo? Antes de mais nada, precisamos percebê-lo. Normalmente as pessoas se acham muito corajosas, não admitindo para si mesmas que têm medo. A própria *coragem*, algumas vezes, está repleta de medo. Ao percebermos algum tipo de bloqueio, de travamento interno, devemos logo perguntar: o que é isso? Ao detectarmos o medo, ou seja, a energia tensionada pelo desejo às avessas, que gera o mal estar relacionado à vontade de que algo aconteça ou não aconteça, nada devemos fazer, mas apenas observar essa energia estranha. Precisamos ver o desejo, do qual o medo decorre, sem justificá-lo, explicá-lo, sublimá-lo ou projetar qualquer ideia de que não deveria existir ou de que devesse ser diferente.

Medo é pensamento no tempo. Mas o tempo existe?

Precisamos entender o tempo para que possamos compreender o medo. Há o tempo cronológico e o tempo psicológico. O tempo cronológico é medido pelo relógio. O planeta dá voltas em torno de si e as horas vão passando. O tempo cronológico é um fato e devemos organizar nossas vidas de acordo com ele. Sem isso, a vida biológica e material seria uma completa desorganização.

Quanto ao tempo psicológico, que costuma ser um problema na vida das pessoas, ele só existe em razão do pensamento, que está sempre criando o ontem e o amanhã.

O único tempo que existe é o presente ativo. Não há outro instante em que você possa manifestar a vida. Ela está sempre no agora. O pensamento é que vai ao passado, enquanto memória, e, a partir de seus registros, imagina o futuro, segundo suas predileções, com desejo do que lhe agrada e medo do que lhe possa desagradar.

Por mais que você possa jogar com o tempo na vida material, e isso até seja necessário, no terreno psicológico o tempo é sempre uma fuga do agora.

Para construir uma casa, precisamos do tempo cronológico. Juntamos o dinheiro, compramos o terreno, fazemos o projeto, contratamos o construtor, adquirimos os materiais. Tudo, no mundo material, se faz através do tempo e não há nada de errado nisso. Para aprender uma língua também se dá o mesmo, ou seja, precisamos de tempo.

Mas quando o assunto é compreender a vida e a nós mesmos, o tempo psicológico passa a ser um problema. Estamos sempre viajando no tempo psicológico, que é o passado e o futuro dentro da nossa própria cabeça, e não estamos despertos nesse momento.

Quando não compreendemos uma coisa agora, é muito mais honesto ver por nós mesmos o fato de que não a compreendemos do que dizer que iremos compreender amanhã. Esse adiamento, no campo da consciência, é extremamente nocivo, porque nos afasta da verdade, que somente pode se manifestar no presente ativo.

Na maioria das vezes, a mente prática, concreta, que é voltada para coisas materiais e que está sempre jogando com o tempo, é usada na tentativa de compreensão no campo psicológico. Então dizemos: vou compreender, vou melhorar, vou fazer isso e aquilo. Isso é falso, porque não sabemos se vamos compreender. A verdade, muitas vezes, é o fato de que não compreendemos. Qualquer adiamento é um afastamento da verdade.

Nós estamos sempre adiando tudo através do tempo psicológico. Em vez de darmos atenção total ao que ocorre agora, procurando, neste exato instante, extrair toda a verdade que pudermos do que quer que esteja sendo observado, preferimos sempre adiar. Além disso, ao invés de apenas observarmos, sempre achamos que devemos fazer alguma coisa.

Essa atitude volitiva é, na maioria das vezes, contrária à compreensão. Por outro lado, quando a compreensão ocorre, não apenas no sentido verbal ou intelectual, mas real, a ação correta decorre naturalmente. A compulsão por fazer algo nos afasta de olharmos agora para a realidade, gerando a dualidade ou divisão na consciência entre o que é e o que pretensamente deveria ser.

Se percebermos que a vida somente pode ser vivida agora, nesse exato instante, toda a preocupação com o amanhã se revela como uma fuga do presente momento. Isso não significa que não devamos ter uma vida material planejada e organizada, com retos meios de subsistência. Mas, no campo da consciência, o amanhã cuidará de si mesmo, como o agora está cuidando deste momento.

Não podemos viver por antecipação, e o medo é essencialmente isso. Queremos agora ter certeza de como será o amanhã. Essa é uma maneira do ego psicológico querer controlar a vida, mas ele não controla quase nada, mesmo quando pensa que controla. A vida é como um rio muito largo que se dirige ao mar. Nossa capacidade de remar é pequena diante das dimensões do rio. Se compreendemos o fato de que a vida é muito mais sábia do que nós, e confiamos nela, vivendo cada momento a seu tempo, não há espaço para o medo psicológico.

Não há escolha quanto à hora de nascer nem de morrer. A vida sabe sobre tudo isso muito mais do que nós. Estamos entregues a ela. É ela que nos leva. Se nos harmonizarmos com o seu movimento sem nos preocuparmos com o que há de ser de nós, o movimento todo fica mais belo e o viver muito mais feliz.

A vida é agora. Isso não significa que devemos ser irresponsáveis em relação ao amanhã, no sentido de descuidar das coisas materiais, nem que devamos procurar usufruir de todos os prazeres ao extremo, como fazem pessoas materialistas. Precisamos viver o agora com toda a intensidade e beleza, com olhos para ver as maravilhas que se manifestam diante de nós, e ouvidos para ouvir as pessoas e os fantásticos sons que a vida e a natureza proporcionam.

Ao sairmos do jogo do tempo psicológico, por percebermos que ele é o pensamento girando em torno de nós mesmos, e mergulharmos no instante presente com toda intensidade, ouvindo por inteiro, dando atenção total ao que quer que estejamos fazendo, acabamos por descobrir um viver de qualidade completamente diferente, uma vida de amor, de paz, de harmonia, não se preocupando com o amanhã, nem revivendo mentalmente o passado.

O serenar do pensamento permite que vivamos o instante presente com todo o nosso ser, com toda a nossa capacidade de atenção e de manifestação da vida. Isso deve acontecer naturalmente, pela mera observação de seu movimento, sem conflito.

Viver sem problemas

O autoconhecimento proporciona uma melhor qualidade de vida, porque traz bem estar interno e dá sentido ao viver. Um dos aspectos importantes para essa qualidade de vida diz respeito à possibilidade de se viver sem problemas. Como isso seria possível?

Problemas são situações que não compreendemos em sua totalidade, quando ficamos carregando inconformismos através do tempo.

Para viver sem problemas, precisamos perceber nossos próprios desejos em conflito. Quando queremos várias coisas ao mesmo tempo e algumas são incompatíveis entre si, temos um problema. Mas como não percebemos nossos próprios desejos, gerados por imagens mentais que se sucedem muito rapidamente na tela da mente, ficamos em conflito.

Todo conflito é falta de inteligência e desperdício de energia. Se quero fazer algo que penso que poderá desagradar alguém, tenho dois desejos em conflito, um de fazer o que quero e outro de não desagradar a pessoa. Se percebo o conjunto de desejos e os observo de maneira isenta, o problema se dissolve, pelo fato óbvio de que não posso fazer coisas incompatíveis como, por exemplo, ir para o norte e para o sul ao mesmo tempo.

A multiplicidade de desejos decorre da velocidade do pensamento, que projeta sucessivas imagens, gerando muitos quereres. É a especulação mental que faz com que fiquemos ponderando intelectualmente sobre se é melhor ir pela esquerda ou pela direita. Do ponto de vista prático, como no trânsito, por exemplo, a especulação é válida. Mas quando se trata da vida e das relações, se agimos sempre pensando sobre de que maneira levaremos mais vantagem, ou o que mais nos interessa, essa mesma especulação gera divisão na mente e, naturalmente, conflito.

É preciso perceber a atividade especulativa do pensamento, que não é inteligência ou sabedoria, mas mera esperteza. Apenas quando percebemos esse movimento, sem interferência, a agitação do pensamento tende a serenar e, quando isso acontece, a sabedoria aparece.

Se dou plena atenção ao problema, que se resume aos meus próprios desejos em conflito, e passo a aceitar os fatos tais como são, mudando aqueles que posso mudar e me conformando com os que não posso, o problema se dissolve. Há muita sabedoria em um ditado popular que diz que o que não tem solução, solucionado está. Basta-nos aceitar o fato, tal como ele é.

Da mesma forma, é muito importante não carregarmos os problemas, transportando-os em sucessivos momentos. Se tivemos um desentendimento com uma pessoa, não precisamos ficar carregando o conflito para outros momentos, eternizando-o. Se aprendemos a morrer para o passado vendo que, em cada instante, a vida é nova, não transportamos situações de modo a ter problemas.

Há pessoas que sofrem interminavelmente, sem perceber que estão carregando e nutrindo o sofrimento, através de pensamentos de autopiedade.

Quando temos dor física, precisamos nos cuidar, dando mais atenção ao corpo. Ela é o alarme do corpo, o que é extremamente necessário para a vida física. A dor psicológica, quando vem, produz transformação. Em geral, quando surge, uma parte de nosso ego está morrendo. Por incrível que pareça, ela nos faz mais humanos e menos arrogantes. Mas não podemos ser masoquistas; é preciso deixá-la passar, sem nutri-la, sem dar continuidade ao desejo que é sofrimento.

Quando a dor psicológica vem, não devemos reprimi-la, nem sublimá-la, mas ficar com o fato subjetivo que é a dor, extraindo-lhe a verdade relativa ao desejo ali contido e à possibilidade da morte do *eu*. Permitindo a morte, aceitando-a, a dor passa, tendo produzido transformação.

A arte de ouvir

Quando nos interessamos pela vida espiritual, não no sentido das aparências, mas de espiritualidade genuína, é fundamental aprendermos a ouvir.

O ato de ouvir pressupõe um esvaziamento da mente, com a atenção total focada no que quer que estejamos ouvindo. Este simples ato pode mudar tudo.

Quando não estamos conseguindo dormir, porque o pensamento está agitado, se procurarmos prestar atenção aos sons que vêm aos nossos ouvidos, seja do barulho do carro que passa, da geladeira em funcionamento, do grilo lá fora, do cachorro que late, e até o som causado por nossa respiração e nosso coração, ao ouvirmos, estamos em estado de atenção. Nessa condição, o pensamento se aquieta e conseguimos dormir.

A atenção leva, por si só, ao aquietamento da mente. Ouvir sem discriminar, sem escolher, sem reagir. Ouvir, simplesmente, produz uma grande transformação na consciência.

Quando ouvimos por inteiro o que diz nosso interlocutor, sem julgar, sem condenar, sem comparar, sem argumentar mentalmente, dando-lhe toda a nossa atenção, a qualidade da relação é completamente diferente. As pessoas ficam encantadas, porque, em geral, elas não são ouvidas.

Muitas relações que são tensas, conflituosas, transformam-se pelo simples fato de uma das pessoas passar a ouvir sem reservas ou prejulgamentos. A outra sente a diferença e também muda.

Ouvir é um caminho de espiritualidade e um modo natural de silenciar-se interiormente. Quando falamos a partir de um estado de silêncio interno, o que é dito, em geral, é sábio, justo, adequado e equilibrado.

A elevação espiritual consiste exatamente em trazer a consciência para uma dimensão mais sutil. O ato de ouvir, esvaziando-se interiormente, produz naturalmente isso.

Meditação

Meditação é uma palavra que está na moda, sendo que, na maioria das vezes, está associada a algum tipo de prática. Acredita-se que meditar é fechar a porta do quarto, acender um incenso, cruzar as pernas. E depois?

Querer reduzir a meditação a uma prática é deixar de compreender o seu profundo significado. A prática tem o seu valor, principalmente no mundo ocidental, em que a correria e a agitação são grandes.

Toda a nossa vida é voltada para fora. Em geral, não damos atenção ao mundo interior, por mais que seja a realidade subjetiva o que de fato governa a nossa vida.

Desde o momento em que acordamos, já olhando para o relógio, até a hora de dormirmos, nossa vida é uma correria contra o tempo, para atendermos a compromissos, responsabilidades, interesses etc. É uma vida de exterioridades e de pouca atenção ao que se passa em nossa subjetividade.

Parar por alguns instantes para meditar, mesmo que isso não signifique meditação, é útil; é criar um espaço nessa vida movimentada para dar atenção ao mundo interno. E se não fazemos isso com muita determinação, a corrente dos acontecimentos nos arrasta e continuamos vivendo de exterioridades.

Para a prática ser saudável, é preciso compreender o que de fato significa meditação. Se praticada de forma rigorosa, a meditação passa a ser uma obrigação e mais um fator de rigidez e de conflito em nossas vidas. Mas se é uma prioridade espontânea, decorrente da compreensão de que é necessário dar atenção ao mundo subjetivo, então vale a pena insistir, sem buscar resultados.

No mundo subjetivo as coisas não funcionam como no objetivo, em que os resultados podem ser medidos. De fato, quem medita com regularidade, ao longo do tempo, percebe a diferença em termos de harmonização, de paciência e de equilíbrio, o que não significa que a pessoa não possa desequilibrar-se.

Todavia, é preciso compreender o que vem a ser meditação.

Meditação é essencialmente observação. Observação do que quer que esteja se passando, objetiva e subjetivamente. Uma observação isenta, sem crítica, sem julgamentos, que não interfere no que é observado, com completo esquecimento de si próprio.

Meditação, portanto, é atenção pura, sem interferência do pensamento. Mas se o pensamento sempre vem, como então é possível meditar?

A atenção diz respeito também ao pensamento. Perceber que o pensamento entrou em cena, sem nada fazer, sem o reprimir, sem o alimentar, faz parte da meditação. Quando percebemos o pensamento, já estamos naturalmente em atenção. Quando não o percebemos, ele se movimenta sozinho e ficamos viajando nele, ou melhor, somos ele. Quando o percebemos, ele deixa de ser inconsciente e passa a ser consciente.

Quando percebemos o pensamento entrando em cena, ele é como uma nuvem no espaço infinito. Há espaço entre as nuvens. Quando não o percebemos, somos a própria nuvem, e não há espaço. Muitas vezes o pensamento fica eletrizado, agitado, sujeito a relâmpagos e trovoadas. Quando observado, ele tende a aquietar-se.

A meditação, portanto, não acontece apenas quando estamos sentados de olhos fechados, mas quando estamos atentos, em silêncio interior, seja observando uma paisagem, uma pessoa, ou o que quer que esteja se apresentando, objetiva e subjetivamente. Se houver quietude interna, que não significa necessariamente ausência de ruído externo, mas essencialmente ausência de pensamento, havendo atenção espontânea, aí sim há meditação.

Aprender sobre a poderosa máquina de pensar que a natureza nos brindou, utilizando-a adequadamente, usando o pensamento quando é necessário para as coisas práticas e o afastando dos relacionamentos e das questões psicológicas, permitindo que reine em nós o silêncio interior, isso é que efetivamente transforma nossas vidas tornando-nos pessoas felizes.

A meditação nada mais é do que a sintonia interior com o espaço infinito que existe em nossa subjetividade mais profunda. Isso é possível quando o *eu* está ausente, como decorrência do completo autoesquecimento e da natural atenção ao que está acontecendo, interna e externamente.

Felicidade

Todo ser humano tem, em seu âmago, uma ânsia pela felicidade. Todas as pessoas querem ser felizes, mas não sabem como.

O homem moderno, que é profundamente orgulhoso de suas conquistas tecnológicas e de seu poder sobre a natureza, é, em geral, ignorante a respeito dos fatos básicos da vida, de quem ele é e do que está fazendo nesta breve passagem pela existência terrena.

Nessa ignorância em que vivemos, canalizamos nossa ânsia pela felicidade para a conquista de objetivos materiais, externos.

A felicidade está sempre lá, no futuro. Desde pequenos, somos acostumados a projetá-la para quando viermos a ganhar uma bicicleta, para quando passarmos no vestibular, quando conquistarmos aquela garota, quando casarmos, quando comprarmos aquela casa etc. A cada objetivo alcançado, há uma sensação de felicidade, que logo passa e nos pomos a correr atrás de outro objetivo. Essa felicidade, decorrente da realização de objetivos materiais, é efêmera. O homem que persegue a felicidade apenas no mundo exterior, relegando o interior, continua incompleto, infeliz. Quando os objetivos não são atingidos, vem a frustração, aquela energia emocional estranha, que gera mal-estar.

Precisamos compreender que a felicidade não pode estar condicionada ao atingimento de objetivos materiais. Isso não significa que não devamos tê-los, mas que é importante ter desprendimento ou desapego em relação a eles.

A felicidade é um estado de espírito que vem naturalmente quando compreendo a mim mesmo e me harmonizo com a vida, aceitando-a como ela é. Quando há alguma coisa que pretendo mudar e a possibilidade da mudança está ao meu alcance, então mudo. Quando não há essa possibilidade, se aceitamos as coisas como são e não fazemos delas um problema, ficamos bem. Nosso desconforto ou incômodo dependem diretamente do inconformismo com os fatos tais como eles são, ou seja, do ego psicológico brigando com as circunstâncias, o que significa infelicidade.

Para sermos felizes, precisamos perceber o *eu*, com suas infinitas exigências, fazendo-nos infelizes. Nem sempre essas exigências poderão ser satisfeitas. Se somos arrogantes em relação à satisfação delas, sentimo-nos infelizes. Mas se somos humildes, aceitando a vida como ela é, e as pessoas como são, então grande parte dessas exigências se tornam irrelevantes e tendem a diminuir consideravelmente. As coisas que nos incomodavam já não mais incomodam à medida que não reagimos a elas. Essa humildade não tem como ser cultivada. Ela vem naturalmente quando percebemos e abandonamos a nossa própria arrogância.

A felicidade consiste no florescer do que há de melhor em nós. Para isso é preciso muita simplicidade, que não é necessariamente externa, mas essencialmente interna. Quando o *eu* é percebido e relegado, a bondade floresce naturalmente, sem que pensemos que somos bons.

É preciso aprender a morrer para o passado e a se desapegar em relação ao futuro, para que a vida possa florescer agora, sob a forma de felicidade sem motivo, de bondade, de amor.

Amor

O amor é o que de mais sagrado pode surgir na vida. Ele deve vir a nós, pois não podemos ir até ele. Por quê? Muito do que chamamos de amor não é amor, mas egoísmo e autointeresse. A palavra amor é altamente contaminada e serve para tudo, inclusive para propaganda e manipulação. Dizem que há pessoas que são capazes de matar por amor, mas, com um exame cuidadoso, verificamos que tal atitude não é de amor, mas de orgulho e paixão por si próprio.

O amor, muitas vezes, é confundido com emocionalismo, sentimentalismo ou romantismo. Todas essas manifestações emocionais estão longe do que consiste na energia pura do amor, incontaminada, incorrupta, ainda que possam existir energias misturadas e conflituadas, puras e impuras, egoístas e altruístas, em pessoas fragmentadas, que não percebem a si mesmas.

O amor é a energia que mantém unido o universo. Ele é doação pura, sem expectativa de retorno, sem autointeresse. É como a energia do sol, que distribui luz e calor sem pedir nada em troca e sem qualquer distinção.

Tudo o que se falar sobre o amor é uma descrição pálida e incompleta dessa energia maravilhosa, dessa coisa que transcende a todos nós e que só se manifesta quando nos esquecemos de nós mesmos.

O amor deve vir a nós naturalmente porque, para que ele se manifeste, o *eu* precisa estar ausente. Enquanto o ego psicológico estiver a buscar o amor, não o encontrará, mas apenas achará a autossatisfação.

Somente quando percebemos que o *eu*, a autoimagem que faz com que nos coloquemos em primeiro lugar é falsa, porque é apenas uma imagem, e naturalmente a abandonamos, vem um estado de simplicidade, de afetividade, de beleza que é amor, revelando-se em atos de boa vontade, de simpatia e de união. O sentimento de autoimportância e o amor não podem coexistir, porque o amor é doação pura, e não está presente onde o ego psicológico aparece, com suas exigências de autossatisfação.

O amor vem naturalmente quando morremos para o sentimento de autoimportância, para a autopreocupação e para todos os pensamentos autocentrados. Quando tudo isso cessa, começa uma vida nova, feliz, em que o amor se manifesta como uma força poderosa, unificadora e harmonizadora, sendo, ao mesmo tempo, simples e serena.

O amor pessoal, que contém egoísmo, pode ser um trampolim para o amor universal, que é impessoal, quando aprendemos a nos desapegar do objeto de nosso amor, permitindo que viva e floresça em total e plena liberdade. Nessa condição, o amor se purifica e se intensifica, tornando-se uma luz que ilumina as vidas e aquece os corações.

Autoconhecimento e Teosofia

A palavra teosofia foi utilizada pela primeira vez no século III, depois de Cristo, por um grupo de pessoas, na cidade de Alexandria, que foram chamados de neoplatônicos. Eles pregavam que integrantes de diversas tradições religiosas não deveriam lutar entre si, sustentando que todas as grandes religiões, em seus aspectos fundamentais ou essenciais, continham um mesmo ensinamento, a que chamaram de Religião-Sabedoria ou Teosofia. Etimologicamente, essa palavra vem do grego, sendo que *theos* significa divino e *sophia* quer dizer sabedoria.

Posteriormente, em 1875, foi fundada em Nova Iorque a Sociedade Teosófica, instituição que teve sua sede transferida para a Índia e se espalhou por quase todo o mundo.

Teosofia significa essencialmente sabedoria, por mais que muitos queiram associar essa palavra à vasta literatura produzida por autores ligados à Sociedade Teosófica, que é muito rica e diversificada. Essa literatura, que se constitui no resultado de pesquisas desses autores, se corretamente estudada, pode ser uma fonte importante de informações úteis para possibilitar a observação que traga uma compreensão mais ampla e profunda sobre a vida, a natureza e o Universo.

A sabedoria não depende necessariamente da erudição da pessoa. Ao contrário, se ela não tiver liberdade em relação às informações que adquiriu, não será sábia, nem estará, por si mesma, encontrando a verdade.

A pessoa sábia, em qualquer circunstância da vida, percebe o que é adequado, justo e equilibrado. Se ela realmente for sábia, será humilde, sem considerar-se nem uma, nem outra.

O autoconhecimento tem tudo a ver com a sabedoria e com o encontro com a verdade. Ele é o despertar da sabedoria em nós, mas ela não virá se não nos interessarmos em compreender a vida e a nós mesmos mais profundamente.

Sabedoria e amor são duas faces de uma mesma moeda. Um não existe sem o outro. A atitude sábia será sempre amorosa; por mais que possa parecer dura, será sempre benéfica, regeneradora e curadora. O amor, sem ser contaminado pelo emocionalismo e pelo sentimentalismo, é naturalmente sábio, justo, equilibrado e benigno.

A Sociedade Teosófica, assim como ocorre com outras instituições, é um espaço, um terreno fértil para se aprender junto com outras pessoas, para se investigar e refletir sobre a verdade. Mas nenhuma instituição leva ninguém à verdade. Somente a pessoa, com zelo, dedicação e interesse, pode ir descortinando os véus que a encobrem, por sua própria capacidade de compreensão. Junto com outros, a energia se intensifica, mas os enganos também podem ser maiores. Cabe a cada um, que é um laboratório vivo no que diz respeito à descoberta da verdade, cuidar para que o ego psicológico não interfira na observação e no estudo, principalmente no tocante às visões e percepções dos colegas de investigação.

Sem liberdade, não há a menor chance de se chegar à verdade, em qualquer nível que seja. Repetir, concordar e seguir é muito fácil. Mas isso não transforma ninguém. A pessoa se ajusta, muda externamente, mas internamente continua sendo a mesma, incompleta, infeliz.

Só o encontro com a verdade transforma, ampliando nossa capacidade de amar e de compreender. Isso podemos fazer juntos ou sozinhos. Mas quando fazemos juntos, a energia se intensifica e o poder de compreensão aumenta muito. Quando o ego se manifesta e passamos a ser manipuladores da consciência alheia, estamos trabalhando contra o acender da luz.

Por isso, autoconhecimento e teosofia, essencialmente, são a mesma coisa, porque teosofia é sabedoria. Não há sabedoria que não venha de dentro, com o florescimento do que há de melhor em nossa consciência.

Quando morremos para todo sentimento de autoimportância e descobrimos que não somos nada, mas apenas um foco de observação, a sabedoria e o amor começam a se manifestar, natural e humildemente, no que há de mais sagrado em nós, a partir dos recantos mais íntimos na subjetividade.

É preciso ter clareza do que é teosofia, Sociedade Teosófica e literatura teosófica. Teosofia, enquanto sabedoria viva, somente pode ser estimulada através do autoconhecimento e da livre investigação sobre a verdade. A Sociedade Teosófica é uma instituição humana, um espaço de troca e aprendizado, que se encontra alicerçada em dois princípios básicos, que são a fraternidade e a liberdade de pensamento. Esses princípios, se corretamente compreendidos e vividos, não permitem que ela se cristalize e passe a ser uma instituição religiosa ou seita que divide os homens e atua para ajustá-los a um padrão de pensamento. A liberdade de pensamento é o que permite a heterogeneidade de visões e é o antídoto contra a cristalização. A fraternidade pressupõe relações não baseadas no ego e no autointeresse.

A literatura teosófica é uma vasta fonte de pesquisas, o resultado da investigação de numerosos estudiosos da verdade, que legaram obras que podem refletir, com maior ou menor qualidade, aspectos da verdade. Mas a descoberta da verdade só pode ocorrer a partir do indivíduo, com ou sem o auxílio da literatura.

As palavras têm valor muito relativo. Elas servem para comunicar, mas a verdade, o que se vê e se procura transmitir, vai além das palavras. Elas podem ajudar ou até mesmo atrapalhar, se não houver uma consciência cuidadosa que seja livre em relação a elas. Muitas delas são utilizadas para gerar teorias e compartimentos ideológicos que dividem os homens e os desviam da verdade. Mas quando somos capazes de enxergar através e além das palavras, vemos que a verdade não é dividida, mas una.

O principal ensinamento da teosofia, assim como de todas as religiões da humanidade, é o relativo à unidade da vida. O universo é uno e ao mesmo tempo diverso. Assim como cada um de nós tem uma vida objetiva e subjetiva, o universo também é objetivo e subjetivo, sendo criado e destruído sucessivamente em um movimento que perduraria por alguns trilhões de anos. Mais importante do que qualquer teoria sobre a unidade da vida é vivê-la. Tudo o que une internamente, tudo que favorece o amor, atua em favor da unidade. Tudo que separa, que divide, no plano da consciência, promove a diversidade. É preciso viver na diversidade com a consciência da unidade, não como teoria, mas como uma realidade viva, harmonizadora e agregadora. A unidade não é necessariamente física, externa, mas precisa estar presente em nossa consciência, sob a forma de abertura da mente e do coração para com os seres humanos e a natureza.

As instituições que possuem uma ideologia, na maioria das vezes, atuam como armadilhas para a consciência humana, que adere, segue, imita e repete coisas que não sabe. A teosofia, como dito, por ser essencialmente sabedoria, não tem como se cristalizar, desde que se trabalhe efetivamente pelo seu despertar. O autoconhecimento é uma poderosa ferramenta para o despertar da sabedoria.

Quanto à Sociedade Teosófica ser ou não um espaço aberto e um terreno fértil para a investigação sobre a verdade, a qualidade desse espaço depende de cada grupo, de cada participante estar alerta no sentido de não serem criados dogmas ou crenças que não têm a vitalidade que somente a verdade viva pode proporcionar.

Se cada participante não permitir que seu próprio ego psicológico interfira nos relacionamentos, irá experimentar o significado da fraternidade, que é o primeiro objetivo da Sociedade Teosófica.

Um amigo

Muito do que se encontra registrado neste livro pude perceber olhando junto com um amigo que não conheci pessoalmente.

Ele foi apresentado ao mundo, ainda criança, no início do século passado, como um novo messias, um instrutor espiritual da humanidade. Em torno dele foi criada uma grande organização, com dezenas de milhares de seguidores e muitas propriedades. Durante quase duas décadas, carregou essa cruz, assumindo o papel de novo Cristo.

Ao atingir a maturidade, com mais de trinta anos, dissolveu a organização criada em torno de si, da qual era chefe, devolvendo aos doadores as ricas propriedades que lhe tinham sido doadas, dizendo que a verdade é uma terra sem caminhos e que nenhum instrutor, líder político ou religioso, ou mesmo sistema psicológico, poderia conduzir alguém a ela, mas que somente a pessoa, com zelo e dedicação, poderia descortiná-la. Nem ele próprio teria o poder de levar ninguém à verdade. Na ocasião, afirmou que não queria ser o mestre, mas o companheiro. Quanto à pergunta sobre se era o Cristo que voltava, disse que nunca saberíamos, mas assegurava que tinha a água pura, e que os que faziam aquela pergunta não estavam interessados na água, mas apenas no vaso que a continha.

Durante toda a sua vida, até sua morte, em 17 de fevereiro de 1986, Jiddu Krishnamurti viajou pelo mundo, proferindo palestras. Sua obra é ampla e de uma vastidão incalculável. Em sua última apresentação, em 4 de janeiro daquele ano, disse que abominava o culto à personalidade, o que, naturalmente, significa que não queria ser cultuado.

Ao mencionarmos aqui seu nome, não temos nenhuma intenção de cultuá-lo ou idolatrá-lo, mas apenas de apontar ao leitor, caso se interesse pelos temas abordados neste livro, que vá direto à fonte de água pura. A fonte está dentro de cada um de nós, mas Jiddu Krishnamurti é um amigo que pode ajudar a mergulharmos nela.

Ao lermos qualquer obra de Krishnamurti, o importante é fazermos devagar, mas bem feito. Um capítulo por vez, não mais. A leitura apressada é um tanto quanto superficial e cansativa. É preciso ponderar, voltar a ler o trecho quando não o compreendermos, refletir. Mas nunca deve haver a preocupação de se colocar em prática o que foi lido, com divisão entre o que é e o que deveria ser, porque quando a consciência se transforma, a prática é naturalmente condizente com a real compreensão e o viver passa a ser diferente, sem conflito. Nem sempre tudo vai ser compreendido, porque sua vasta obra tem profundezas insondáveis, mas devemos ser honestos em não repetirmos o que não compreendemos. Toda e qualquer verdade precisa ser descoberta a cada instante, e ela poderá ser diferente da verdade de ontem, que é apenas memória, e não a própria verdade, sem ser contraditória.

Nosso amigo não precisa de homenagens. A maior delas é o aprendizado e a transformação na consciência, para que naturalmente vivamos uma vida mais nobre, mais elevada, mais amorosa e compreensiva.

Seguir Krishnamurti é um contra-senso. Tê-lo como amigo, o que só depende de nós, é um privilégio.

A verdadeira religião é uma vida sem divisão na consciência. Quando a descobrimos, todo o viver se transforma. A vida passa a ser harmônica, cooperativa, compreensiva, inteligente, livre e profundamente amorosa.